AF381524

ADOLF HITLER

FÜHRER Y CANCILLER DEL TERCER REICH

- **Nacido en 1889 en Braunau am Inn (Austría-Hungría)**
- **Fallecido en 1945 en Berlín (Alemania)**

Adolf Hitler, nacido en 1889 en Austria, tiene cinco años cuando se instala con su familia en Alemania. Este joven marginal, que pierde a sus padres muy pronto, sueña con ser arquitecto e intenta entrar en varias ocasiones en la Academia de Bellas Artes, sin éxito. Después de la Primera Guerra Mundial, en la que participa como soldado, Hitler se lanza en política y, rápidamente, se convierte en la figura líder del Partido Nacionalsocialista Obrero Alemán.

En 1923, redacta *Mi lucha*, un libro en el que presenta la ideología nazi antes de hacer realidad sus deseos de poder, diez años más tarde, al convertirse en el canciller del Tercer Reich. Poco a poco, Alemania cae bajo su régimen totalitario

y Hitler, que se hace llamar el Führer («guía»),
extiende su dominación en Europa durante la
Segunda Guerra Mundial.

MI LUCHA

EL MANIFIESTO DEL MOVIMIENTO NAZI

- **Género:** manifiesto político
- **Edición de referencia:** Hitler, Adolf. 2003. *Mi lucha*. Chile: Jusego
- **Primera edición:** 1925-1926
- **Temáticas:** política interior y exterior, noción de raza, prensa, antisemitismo, marxismo, nazismo, ejército

Mi lucha se divide en dos partes, publicadas en volúmenes separados en la edición original de 1925-1926, y tituladas *Retrospección* y *El movimiento nacionalsocialista*. Son respectivamente analítica y programática y, además, recorren la biografía de su autor. Así, los primeros capítulos están dedicados al hogar paterno y a las experiencias de su vida en Viena. El acontecimiento que marca la frontera de los dos tomos es una asamblea popular que convoca el Partido Nacionalsocialista el 24 de febrero de 1920, que se presenta como un cambio importante en la carrera política de Hitler.

La lucha a la que hace referencia el título está dirigida contra muchos enemigos: el judaísmo, el marxismo, la prensa y la democracia parlamentaria. Además, su objetivo es reunificar Alemania e instaurar en ella un régimen racista y elitista, del que Hitler se convertiría en el jefe supremo.

RESUMEN

UNA LUCHA MÚLTIPLE

Según el título de esta obra, cabría esperar una unicidad en la lucha que Hitler describe, pero lo cierto es que esto no tiene nada que ver con lo que aparece en el texto. En este sentido, el autor sigue a rajatabla un principio que promulga, con el que afirma que «el arte de todos los grandes conductores de pueblos, en todas las épocas, consiste, en primer lugar, en no dispersar la atención de un pueblo y sí en concentrarla contra un único adversario» (Hitler 2003, 74). Así, con el objetivo de «hacer que parezcan pertenecer a una sola categoría incluso adversarios diferentes» (*ib.*), mezcla una supuesta lucha única contra los judíos con el propósito de deshacerse de los numerosos adversarios de su partido: el marxismo, la prensa y el régimen parlamentario, a los que presenta como corrompidos por la raza deshonrosa y de los que dice que, a partir de ese punto, se han convertido en cabezas de «hidra judaica» (Hitler 2003, 378).

La crítica a estos cuatro adversarios que aparecen relacionados está presente en todo el manifiesto político de Hitler y sirve de base para muchas directrices. Esta repetición constante no solo es un efecto estilístico, sino que deriva directamente de la concepción hitleriana de la propaganda.

CONTRA LA «RAZA JUDÍA»

Ante todo, la lucha que lleva a cabo Adolf Hitler es contra la comunidad judía. Para legitimar su odio contra ella, afirma que su sentimiento no nace de un prejuicio, sino de un proceso reflexivo («pudiendo de este modo estudiar profundamente la actuación del pueblo judío», Hitler 2003, 43). Así, asegura que, siendo adolescente, «el que [...] se persiguiese a los judíos, como creía [él], hacía que muchas veces [su] desagrado frente a las expresiones ofensivas para ellos se acrecentase» (Hitler 2003, 35). No sería hasta más tarde, al desarrollar convicciones nacionalistas durante su estancia en Viena, cuando habría adoptado esta animadversión, que presenta como un movimiento de autodefensa necesario frente al papel de peso que desempeña esta comunidad en la vida pública de la ciudad («de débil cosmopolita me convertí en antijudío fanático», Hitler 2003, 43; «gradualmente comencé a odiarlos», Hitler 2003, 42).

A partir de este punto, se desarrolla una retórica de una extrema violencia contra el judaísmo. Para hablar sobre los judíos, recurre a metáforas relacionadas con la peste («Era la peste, una peste moral, peor que la devastadora epidemia de 1348, conocida por el nombre de "Muerte Negra"», Hitler 2003, 39; «eterno bacilo disociador de la Humanidad, el judío y siempre el judío», Hitler 2003, 77) e incluso emplea vocabulario animal («manada de ratas», Hitler 2003, 184; «verdadera sanguijuela», Hitler 2003, 188; «parásito», Hitler 2003, 185).

Hitler recurre a los tópicos más comunes y presenta al judío como un ser traicionero que domina el arte de la mentira y de la dialéctica pérfida: «El medio, sin embargo, por el cual el judío intenta dominar las almas osadas y francas, no es la lucha noble sino la mentira y la calumnia» (Hitler 2003, 197). También los acusa de inmorales: «En Viena, [...] podía estudiarse mejor las relaciones del judaísmo con la prostitución» (Hitler 2003, 40); «Ese envenenamiento del alma del pueblo por los judíos, esa mercantilización de las relaciones entre los dos sexos» (Hitler 2003, 151). Tampoco duda en hacer referencia —erróneamente— a autoridades como Arthur Schopenhauer (filósofo alemán, 1788-1860) o al texto religioso de la Biblia, en la que se basa para comparar a todos los judíos con Judas: «aquellos cuya falta de carácter les lleve a venderlo [al pueblo alemán] por las conocidas treinta monedas» (Hitler 2003, 203).

El último capítulo de *Mi lucha*, dedicado al derecho de legítima defensa, presenta todavía una mayor violencia y en él encontramos ya la noción embrionaria de la solución final:

> «Si en el comienzo y durante la Guerra, se hubiera también sometido a la prueba de los gases asfixiantes a unos doce o quince mil de esos judíos, de esos corruptores de pueblos, prueba que en los campos de batalla sufrieron centenas de miles de nuestros mejores trabajadores, de todas las categorías, no se habría cumplido el sacrificio de millones de nuestros compatriotas en las líneas del frente» (Hitler 2003, 403).

CONTRA EL MARXISMO

De acuerdo con su estrategia destinada a mezclar a sus diferentes adversarios, Adolf Hitler presenta al partido comunista, principal opositor de su recién creado partido, como una organización judía («El marxismo busca calculadamente entregar el mundo a manos de los judíos», Hitler 2003, 225; «Pero la tropa de asalto marxista y del capitalismo internacional judaico [...]», Hitler 2003, 369). Para ello, recuerda en varias ocasiones los supuestos orígenes del fundador de esta corriente de pensamiento, el «judío Karl Marx» (Hitler 2003, 131, 225 y 231), y recalca que la prensa marxista está gestionada por judíos: «En cuanto un folleto socialdemócrata llegaba a mis manos, examinaba el nombre de su autor: siempre era un judío. Remarqué casi todos los nombres de los dirigentes del Partido Socialdemócrata: en su gran mayoría pertenecían igualmente al "pueblo elegido"» (Hitler 2003, 41). Asimismo, recurre a la fórmula del «judío internacional» (Hitler 2003, 355 y 369), algo que le sirve para mezclar la diáspora judía con la Internacional comunista (asociación internacional de obreros), y también emplea un término creado especialmente para esta idea: los «judíos marxistas» (Hitler 2003, 215).

Por consiguiente, las críticas hitlerianas del marxismo son igual de agresivas que las del judaísmo. Así, habla de una «peste mundial» (Hitler 2003, 51), de una «pestilencia» (Hitler 2003, 142) y de una «lepra» (Hitler 2003, 238). Dado que, en su opinión, el «supremo objetivo [del marxismo] es y será siempre la destrucción de todo Estado nacional no judío» (Hitler 2003, 104) e, incluso, es «una doctrina que tiende a destruir a la Humanidad entera» (Hitler 2003, 103), Hitler reconoce que «el problema capital para el porvenir de Alemania resid[e] en la destrucción del marxismo» (Hitler 2003, 96). Sin embargo, gracias a una especie de efecto oratorio, logra erigirse como un laborista y socialista, y propone que se sustituyan los sindicatos comunistas por «Cámaras Económicas» (Hitler 2003, 355) que estarán contenidas «en las diversas representaciones profesionales» (*ib*.), donde se reúna a jefes y a obreros en torno a objetivos comunes («La institución sindicalista dentro del Nacionalsocialismo no es un órgano de lucha de clases, sino un portavoz de representación profe sional. El Estado Nacionalsocialista no distingue "clases"», Hitler 2003, 355).

CONTRA LA PRENSA

La convicción hitleriana de que los judíos controlan la prensa no se limita únicamente a los medios marxistas. El autor percibe como una gran amenaza el hecho de que «millones de ciudadanos rind[a]n culto, todas las mañanas, a su prensa democrática» (Hitler 2003, 107). De esta manera, Hitler multiplica las críticas contra esta «jauría israelita de la prensa» (Hitler 2003, 288) y se defiende de los ataques que esta le lanza. Por lo tanto, ya desde el prólogo se sitúa en una posición de víctima inocente del ensañamiento mediático y, por consiguiente, dice albergar la esperanza de que su libro pueda «destruir las tendenciosas leyendas sobre [su] persona propagadas por la prensa judía» (Hitler 2003, prólogo).

Por otra parte, el autor presenta ese poder que los judíos tienen sobre la prensa como algo que complementa la acción del marxismo. Así, recaería sobre esta corriente el control de los ambientes obreros, siguiendo «una acción simultánea, admirablemente conjugada» (Hitler 2003,

195), mientras que la «prensa, hoy en manos de los judíos, [lleva a cabo sus campañas entre] la burguesía y [...] las clases populares» (Hitler 2003, 194). A esto hay que añadir la masonería (institución que se basa en sociedades secretas y esotéricas), que en opinión de Hitler persigue el mismo objetivo en los ambientes que se califican como intelectuales, para paralizar el instinto de conservación nacional. En este punto, se sumerge de lleno en su teoría del complot, tan apreciada por los movimientos populistas.

CONTRA EL RÉGIMEN PARLAMENTARIO

La tesis antiparlamentaria de *Mi lucha* aparece ya desde el principio del libro, cuando Hitler describe su estancia en Viena, donde Hitler se alza como portavoz de la minoría alemana que, según él, está amenazada en un Estado cada vez más eslavizado («triste Estado», Hitler 2003, 51). Por consiguiente, se pronuncia contra el Parlamento, esa institución que él considera «un peligro» (Hitler 2003, 222) y que le parece que siempre adopta «una actitud contraria a los intereses alemanes» (Hitler 2003, 50) y, al final, contribuye a una «desgermanización» (*ib*.) de Austria-Hungría, algo que teme por encima de todo.

Además, el régimen parlamentario y democrático representa la antítesis de su propia concepción política. Se muestra a favor de que se elija a un jefe único y, seguramente, ya se imagina ocupando ese puesto cuando escribe que «del seno de millones de hombres […] surgirá el hombre […] con apodíctica energía» (Hitler 2003, 224). Critica el inmovilismo y la irresponsabilidad de esta masa ineficaz, a la que califica sin miramientos de «idiotas» (Hitler 2003, 363), «chinches parlamentarias» (Hitler 2003, 66), «medianía intelectual» (Hitler 2003, 150) y «caterva de miserables situacionistas políticos» (Hitler 2003, 122). Esta estrategia populista, que consiste en acusar a sus adversarios de que recurren a la mentira con el propósito de poder consolidar su posición egoístamente, se une a las críticas que también dirige al judaísmo, al marxismo y a la prensa.

Para contrarrestar este «temor a la responsabilidad que flota en el ambiente [, que se manifiesta] en el conjunto de la vida pública y que, por último, encuentra su culminación suprema en la institución del gobierno parlamentario» (Hitler 2003, 246 y 247), Hitler propone que se instaure un régimen dictatorial. En esta concepción ya se encuentran representados el culto al líder propio de los regímenes populistas y el elitismo nazi, que se irá desarrollando de forma progresiva:

> «Quien sea el Führer tendrá que llevar junto a su ilimitada autoridad suprema la carga de la mayor y la más pesada de las responsabilidades. [...] Sólo el héroe está en condiciones de asumir este puesto. El progreso y la cultura de la Humanidad no son producto de la mayoría sino que dependen de la genialidad y de la capacidad de acción de los individuos» (Hitler 2003, 208 y 209).

Así, poco a poco, esta crítica va dejando atrás el marco del régimen parlamentario para poner en la diana toda la democracia en su conjunto. Y, una vez más, el judaísmo es asociado a este sistema para construir un elemento que genere una mayor repulsión para los partidarios de Hitler: «El Reich del "judío democrático" de hoy [...] se ha transformado en una verdadera maldición para el pueblo» (Hitler 2003, 339).

PUNTOS DESTACADOS

BREVE BIOGRAFÍA DE ADOLF HITLER

Adolf Hitler nace en 1889 en Austria, en una ciudad cerca de la frontera con Alemania, donde su familia se instala a partir de 1894. Sin embargo, no obtendrá la nacionalidad alemana hasta 1932. Hitler, que se queda huérfano con 18 años, lleva una vida bohemia en Viena y, más adelante, en Múnich. Este ser marginal, que suspende dos veces el examen de ingreso en la Academia de Bellas Artes, se gana la vida ejerciendo como peón o como pintor de paredes, aunque en realidad él quiere ser arquitecto. Cuando estalla la guerra en 1914, Hitler se enrola voluntariamente en el primer conflicto mundial como soldado. Se inscribe al recién creado Partido Obrero alemán a partir de 1919, donde en seguida se convierte en el principal orador, y lo vuelve a bautizar como el Partido Nacionalsocialista Obrero Alemán.

En 1923, cuando es encarcelado tras el golpe de

Estado de Múnich, el futuro dictador redacta *Mi lucha*, un libro que diseña como un manifiesto de la ideología nazi. Este personaje carismático prosigue su ascenso político hasta la cumbre: en 1933, es nombrado canciller del Reich. A partir de ese momento, desmantela la democracia e instala un régimen totalitario nazi en Alemania. Durante la Segunda Guerra Mundial, expande la dominación alemana sobre gran parte de Europa y pone a punto la terrible solución final que se aplicará al pueblo judío. En 1945, el Ejército Aliado y el soviético ganan terreno y Hitler se siente acorralado: se suicida el 30 de abril en su búnker de Berlín.

UNA ALEMANIA AGITADA

El primer tomo de *Mi lucha* se publica en 1925. En esta época, y tras la caída del Imperio alemán (1871-1918) después del final de la Primera Guerra Mundial, el régimen político que rige Alemania es la República de Weimar, que se llama así por la ciudad donde se firma su Constitución. Este periodo, en el que se vive un auge progresivo del Partido Nacionalsocialista Obrero Alemán, del que Hitler toma las riendas en 1921, se ve agitado por una serie de conflictos internos.

En efecto, el pueblo, que sufre la humillación por la derrota de 1918 y que se ve aplastado bajo el peso de las indemnizaciones de guerra que tiene que pagar, atraviesa una grave crisis económica: en 1923, Alemania experimenta un fenómeno de hiperinflación sin precedentes, que devalúa su moneda y que incrementa el coste de la vida de forma descomunal. Además, pierde territorios en provecho de Francia, Bélgica, Polonia y Dinamarca. Así, estallan revueltas que convocan tanto movimientos de derechas como de izquierdas.

Estos altercados alcanzan su apogeo el 8 de noviembre de 1923, cuando Adolf Hitler intenta tomar el poder por la fuerza. Esto se conocerá como el «*Putsch* de la Cervecería» o «*Putsch* de Múnich» y se salda con un fracaso y con el encarcelamiento de su líder. Además, causa la muerte de dieciséis golpistas y de cuatro policías. Aunque estos crímenes están castigados con la pena de muerte y a pesar de que Hitler reivindica la plena responsabilidad del golpe de Estado, goza de la simpatía de los jueces y usa su juicio como una tribuna política. Es condenado a tan solo cinco años de reclusión, pero finalmente solo cumple trece meses.

LAS MOTIVACIONES DE HITLER

Durante su paso por prisión en la cárcel de Landsberg am Lech, Adolf Hitler redacta *Mi lucha*. En el prólogo de su libro, presenta esta pena como una oportunidad: «Así se me presentaba, por primera vez después de muchos años de ininterrumpida labor, la posibilidad de iniciar una obra reclamada por muchos y que yo mismo consideraba útil a la causa nacionalsocialista» (Hitler 2003, prólogo).

Aunque, obviamente, el objetivo de este libro es convertirse en una obra de propaganda, Hitler la imagina ante todo como un programa escrito para sus seguidores. En efecto, explica que su propósito es dejar por escrito «de una vez por todas» (Hitler 2003, 15) su doctrina. Por consiguiente, el libro no se dirige «a los extraños, sino a aquéllos [sic] que, perteneciendo de corazón al Movimiento, ansian [sic] penetrar más profundamente en la Ideología Nacionalsocialista» (Hitler 2003, prólogo).

Precisamente, el primer volumen de *Mi lucha* está dedicado a algunos de estos seguidores: se nombra a las 16 víctimas del golpe de Estado fallido del 9 de noviembre de 1923 seguido de su oficio y su fecha de nacimiento, justo después del prólogo. En su dedicatoria, Hitler los presenta como caídos «poseídos de la inquebrantable fe en la resurrección de su pueblo» (*ib.*) y emite el deseo de que «el ejemplo de su sacrificio ilumine incesantemente a los seguidores de [su] Movimiento» (*ib.*).

CLAVES DE LECTURA

UNA POLÍTICA DE CONQUISTAS

El movimiento nacionalsocialista liderado por Adolf Hitler se caracteriza por su belicismo y defiende la idea de que solo puede surgir una nación fuerte a través de la lucha («Si la Humanidad se hizo grande en la lucha eterna, en la paz eterna desaparecerá», Hitler 2003, 84). Por lo tanto, se opone a las «locuras pacifistas» (Hitler 2003, 86) y, al contrario que los regímenes anteriores, no recomienda una «política [...] comercial» (Hitler 2003, 85), sino una «política territorial» (*ib.*) que tiene como objetivo la ampliación de las fronteras de Alemania hacia el este, en perjuicio de Rusia, o hacia el oeste, en perjuicio de Francia, «el enemigo mortal, inexorable del pueblo alemán» (Hitler 2003, 367). Justifica esta política agresiva presentándola como preventiva e imaginando que sus enemigos tienen ambiciones similares. A partir de este punto, hace toda una declaración de intenciones y, al satanizar a su vecino, legitima una posible invasión, ya que está basada en el principio de autodefensa.

Hitler percibe la conquista territorial como una absoluta necesidad. Hay que «asegurarle al pueblo alemán el suelo que en el mundo le corresponde» (Hitler 2003, 387). Con respecto a este tema, demuestra una extraña intransigencia: «Alemania, o se hace potencia mundial, o dejará de existir. Para ello necesita de aquella grandeza que su importancia le confiere» (Hitler 2003, 389).

Esta idea se suma a la concepción racista y elitista del Estado que predica el nacionalsocialismo. En política exterior, supone aplicar el mismo principio que legitima en política interior la dominación del más fuerte y del más violento («Los intereses materiales de los hombres siempre consiguen prosperar mejor cuando permanecen a la sombra de las virtudes heroicas», Hitler 2003, 94). De esta manera, el autor cree que se basa únicamente en «leyes naturales»:

> «La política exterior del Estado racista tiene que asegurarle a la raza que constituye ese Estado los medios de subsistencia sobre este planeta, estableciendo una relación natural, vital y sana

entre la densidad y el aumento de la población por un lado, y la extensión y la calidad del suelo en que se habita por otro» (Hitler 2003, 381 y 382).

UN ALEGATO EN DEFENSA DE LA UNIÓN ALEMANA

Según el plan de Hitler, el primer territorio que hay que situar de nuevo bajo la protección del Reich alemán es su tierra natal, la Austria alemana, que considera «como parte apenas momentáneamente separada del Imperio alemán» (Hitler 2003, 62). Explica que cuando vive en Viena, antes de la Primera Guerra Mundial, ya se espera la escisión de Austria-Hungría, que, según él, no es más que un «Estado ya cadavérico» (Hitler 2003, 80), una «momia de Estado» (Hitler 2003, 88). Más adelante, tras la desaparición de esta nación con el armisticio (el 11 de noviembre de 1918), reivindica que se integre la nueva república de Austria dentro del Reich alemán, algo que conseguirá el 12 de marzo de 1938 con una invasión militar apoyada por el pueblo austriaco.

Adolf Hitler también aboga por el cese de cualquier lucha fratricida, combate que, en su opinión, siempre se ve alimentado por los judíos, eternas cabezas de turco. En particular, denuncia los conflictos que para él son artificiales y que oponen a católicos contra protestantes y a los bávaros contra los prusianos («En todo caso, el judío alcanzó el objetivo deseado: católicos y protestantes habían entrado en reñida controversia y el enemigo mortal del mundo ario y de la cristiandad toda celebraba así su triunfo», Hitler 2003, 332; «El judío aleccion[ó] contra Prusia las muchedumbres y, en particular, al pueblo bávaro», Hitler 2003, 329).

Los católicos son los fieles de la Iglesia católica, apostólica y romana. Esta reclama de ellos una comunión de ideas con el papa y los obispos, que están considerados los sucesores de los apóstoles de Jesucristo. Por su parte, los protestantes pertenecen a las Iglesias que en el siglo XVI reforman los teólogos Martín Lutero (1483-1546) y Juan Calvino (1509-1564). Estas, que rechazan la autoridad del papa y la dirección que toma la Iglesia católica en la Edad Media, todavía siguen diferenciándose desde un punto de vista doctrinal.

En Alemania, los habitantes de las regiones del noreste son mayoritariamente protestantes, mientras que los de las regiones del suroeste son mayoritariamente católicos. Baviera es la región del sureste de Alemania, que hace frontera con Austria. Por el contrario, Prusia es un territorio situado en el norte del país, en los confines de la actual Polonia. Dado que en el pasado eran Estados independientes, ambas zonas tienen una fuerte identidad regional.

LA CONCEPCIÓN RACISTA DEL ESTADO

Según Adolf Hitler, «la condición más esencial, por tanto, para la formación y conservación de un Estado es la existencia de un sentimiento de solidaridad, basado en la identidad de raza» (Hitler 2003, 94). Esta concepción justifica el odio al judío, ya que surge de un pueblo extranjero. Lo que distingue a estas dos razas está en su carácter: «[Siempre] un Estado fue fundado [...] por el instinto de conservación de la especie, pudiendo estar este instinto en el campo de la virtud heroica o de la astucia. El primero produce estados arios, de trabajo y cultura; el segundo, colonias judaicas parasitarias» (Hitler 2003, 95). Por consiguiente, el autor está convencido de que pertenece a una humanidad superior:

> «Lo que hoy se presenta ante nosotros en materia de cultura humana, de resultados obtenidos en el terreno del arte, de la ciencia y de la técnica es casi exclusivamente obra de la creación del ario. Es sobre tal hecho en el que debemos apoyar la conclusión de haber sido éste [sic] el fundador exclusivo de una Humanidad superior» (Hitler 2003, 176).

Esta megalomanía lo lleva a pensar que la supervivencia y el desarrollo de su raza no solo sirve a sus compatriotas, sino a toda la humanidad. Por lo tanto, se autoconvence y quiere convencer a sus lectores de que, si se elimina, «tal vez después de pocos milenios [...] la civilización humana llegaría a su término y el mundo se volvería un desierto» (*ib.*). Así, solo existe una vía posible: la protección de la raza aria a cualquier precio.

El concepto de raza aria imagina la existencia en la era moderna de una etnia que proviene directamente de los indoeuropeos, un pueblo migratorio del que provienen gran parte de los pueblos eurasiáticos, tras su grandísima expansión durante la Prehistoria. Según los partidarios de esta idea, a día de hoy seguiría siendo una raza aparte que sería superior al resto. Generalmente, las características físicas con las que está relacionada corresponden con las de los representantes de los pueblos nórdicos (piel clara, pelo rubio, ojos azules, gran altura).

Hitler anima a que «la colectividad go[ce] de todas las ventajas de una raza sana, lo que constituye la mayor felicidad de una Nación» (Hitler 2003, 239). Con esta teoría, el autor hace referencia a la eugenesia, que afirma que se debe llevar a cabo una selección genética en la raza humana con el objetivo de alcanzar un ideal. Para ello, el Estado debe tener «la fuerza exterior para poder actuar sin contemplaciones en la eliminación de los brotes dañinos de la mala hierba» (Hitler 2003,

23) impidiendo que los ciudadanos enfermos o discapacitados se reproduzcan, incluso si ello implica recurrir a una especie de castración:

> «Todo individuo notoriamente enfermo y efectivamente tarado y, como tal, susceptible de seguir transmitiendo por herencia sus defectos, debe ser declarado [por el Estado] inapto para la procreación y sometido a tratamiento esterilizante» (Hitler 2003, 238).

LAS REFERENCIAS CULTURALES

La imaginería pagana

Aunque la retórica hitleriana recurre con frecuencia a referencias cristianas y aunque el propio autor confiesa que, siendo niño, incluso consideró brevemente una carrera clerical, lo cierto es que, por el carácter belicista e individualista que transmite *Mi lucha*, lo que se observa es un uso de una imaginería pagana y pangermanista al servicio de su discurso. De esta manera, Hitler evoca una cantidad importante de divinidades alegóricas que encarnan etapas de su trayectoria personal o los valores de su Estado soñado: «en brazos de la "Diosa Miseria"» (Hitler 2003, 17), «la mano inexorable del Destino» (Hitler 2003, 100), «se levantaba inexorable […] la Diosa de la Venganza» (Hitler 2003, 218).

De la misma manera, alaba el sacrificio de los soldados alemanes que caen en Flandes y los presenta como seres que «debería[n] un día estar en el Walhalla» (Hitler 2003, 357), el destino de los valientes de la mitología nórdica.

El ámbito artístico

Este carácter pagano también se encuentra en las referencias artísticas que incluye *Mi lucha*. En el libro, Hitler corona a «dos reinas entre las artes: la Arquitectura y la Música» (Hitler 2003, 184). Incluso el primer arte fue durante un tiempo su proyecto profesional; en cuanto al segundo, por sus palabras parece que solo está personificada por Richard Wagner (compositor y músico alemán, 1813-1883), a quien menciona en múltiples ocasiones. En efecto, Wagner expresaba prejuicios habituales sobre los judíos, pero no deseaba ver cómo nacía una distinción racial y se mostraba favorable a que se integraran en la población alemana, al contrario que la concepción nazi. No obstante, Hitler y el nacionalsocialismo recuperan su obra para utilizarla como propaganda.

En especial, Hitler toma prestado del universo del músico la metáfora que cierra el primer tomo de su libro: «Quedó encendido el fuego cuyas llamas forjarán un día la Espada que le devuelva la libertad al Sigfrido germánico y restaure la vida de la Nación alemana» (Hitler 2003, 218). En las mitologías nórdica y germánica, Sigfrido es un príncipe guerrero, famoso por sus hazañas. Además, es el protagonista de *El cantar de los nibelungos*, un texto del siglo XIII que a menudo se considera la epopeya nacional alemana. Por consiguiente, con las palabras de Hitler, el personaje se presenta como una metáfora de la antigua potencia nacional, que el autor quiere restaurar por encima de todo.

Más adelante, vuelve a utilizar esta imagen para compadecer al ejército alemán que en 1918 traicionan «bandidos parlamentarios» (Hitler 2003, 372): «esos hipócritas conspiraban contra esa victoria hasta conseguir abatir, por la traición, al soldado heroico [Sigfrido]» (*ib.*). Esta personificación del pueblo germánico en el protagonista wagneriano se ve todavía más reforzada por otras ideas, en las que Hitler compara al ejército nacional con el «legendario Sigfrido» (Hitler 2003, 92), es decir, recubierto como en la leyenda por una indestructible coraza hecha con sangre de dragón; o, según una lógica inversa, se compara a un joven ario que no es virgen y, por lo tanto, impuro, con un «Siegfried [sic] "iniciado"» (Hitler 2003, 154).

La propaganda nazi también utilizará otra forma de arte para lograr su objetivo y tener más alcance entre las masas: el cine.

LA ACOGIDA DEL LIBRO

Aunque en un primer momento obtiene un éxito modesto, en 1945 se calcula que el número de ejemplares vendidos de *Mi lucha* alcanza los diez millones solo en Alemania, es decir, uno por cada dos casas. En efecto, el Partido Nacionalsocialista promueve su difusión al calificarlo en su boletín oficial como «la Biblia del pueblo alemán» a partir de 1933. De hecho, a partir de 1936, se convierte en el regalo de bodas del Estado a las jóvenes parejas. En el resto del mundo, se venden unos setenta millones de ejemplares.

Si bien el público francés es informado del contenido de *Mi lucha* a través de la prensa, habrá que esperar hasta 1934, es decir, nueve años después de la publicación de su versión original, para que esté disponible una traducción. La razón es que Hitler había prohibido formalmente la difusión de su libro en francés. Por lo tanto, se publica en Francia de forma completamente ilegal.

Tras la Segunda Guerra Mundial, se prohíbe la difusión del libro en Alemania, pero sigue estando autorizada en algunos países como Francia, donde las Nouvelles Éditions latines conservan sus derechos de publicación, aunque con restricciones: los libreros no pueden exponer el libro en el escaparate y, desde 1979, tras un fallo del Tribunal de Apelación de París, existe la obligación de que la obra venga precedida por un aviso acerca de su contenido.

Las Nouvelles Éditions latines (una empresa cercana al movimiento ultranacionalista Acción Francesa de Charles Maurras), que editan una traducción integra «bajo [su] entera responsabilidad»[1], justifican su decisión en un aviso de los

---

1. Cita traducida por ResumenExpress.com

editores que precede a la obra. Se asegura que la razón es el «interés nacional»[2], que se ve directamente amenazado por el programa de Hitler. En efecto, el hecho de no respetar los derechos de autor les parece legítimo, ya que, si Hitler presenta a Francia como un enemigo que hay que eliminar, «todos los franceses deben ser informados acerca de ello»[3]. Por lo tanto, oponen a la propiedad intelectual un derecho moral superior: «cuando se lanza a un pueblo unas amenazas tan concretas, ya no poseemos el derecho moral de impedir que se den a conocer»[4].

Finalmente, *Mi lucha* entra en el dominio público el 1 de enero de 2016, setenta años tras la muerte de su autor. Ese mismo mes, se comercializa en Alemania una primera reedición, supervisada por el Instituto de Historia Contemporánea de Múnich. En Francia, se estaría preparando una reedición crítica, a pesar de las acaloradas polémicas.

---

2. Cita traducida por ResumenExpress.com
3. Cita traducida por ResumenExpress.com
4. Cita traducida por ResumenExpress.com

PISTAS PARA LA REFLEXIÓN

ALGUNAS PREGUNTAS PARA PROFUNDIZAR EN SU REFLEXIÓN...

- ¿Cuáles son los principales valores que predica el movimiento nazi?
- ¿Qué razones llevan a Hitler a pensar que las razas judía y alemana son completamente opuestas? Compare y explique.
- Cuando Hitler recurre a la imagen de la «hidra judía», ¿a qué se refiere?
- Enuncie los distintos reproches que Hitler dirige al régimen parlamentario.
- ¿Adolf Hitler se pronuncia a favor de una prensa libre? Argumente su respuesta.
- ¿Qué procedimientos sigue Hitler a través de este manifiesto para reforzar su posición como jefe del Partido Nacionalsocialista? ¿Y como futuro jefe de la nación alemana?
- Las virtudes viriles y la práctica deportiva ocupan un lugar muy importante en la educación tal y como Hitler la teoriza en este libro.

¿Cómo encaja esta posición en su concepción de la nación alemana?

- ¿Por qué el desarrollo territorial de una nación potente es completamente necesario? ¿Por qué Hitler no sugiere alcanzar esto a través de colonias?
- En su opinión, ¿el origen austriaco de Adolf Hitler ha tenido una influencia en sus ideas políticas?
- ¿Podría decirse que a día de hoy algunos partidos populistas todavía usan ciertas tácticas que Hitler emplea en su propaganda? Justifique su respuesta.

¡Su opinión nos interesa!
¡Deje un comentario en la página web de su librería en línea,
y comparta sus favoritos en las redes sociales!

PARA IR MÁS ALLÁ

EDICIÓN DE REFERENCIA

- Hitler, Adolf. 2003. *Mi lucha*. Chile: Jusego.

ESTUDIOS DE REFERENCIA

- Benoist-Méchin, Jacques. 1939. *Éclaircissements sur Mein Kampf d'Adolf Hitler*. París: Albin Michel.

- Féral, Thierry. 1981. *Le combat hitlérien. Éléments pour une lecture critique*. París: La Pensée universelle.

- Vitkine, Antoine. 2009. *Mein Kampf, histoire d'un livre*. París: Flammarion.